パズル・ポシェット

漢字交じり
クロス
デラックス

川内英輔

日本文芸社

解き方 ……… 3

問　題 ……… 4

解　答 ……118

- ■ 編集協力／オフィス305
- ■ 本文デザイン＆DTP／かわかみデザインルーム
- ■ カバー・本扉デザイン／吉村真紀（ZEROgraphics）

解き方

■クロスワードと同様にヒントから連想する言葉をカタカナで埋めてください。ただし、3カ所の大きいマスに漢字が入ります。漢字とカタカナの間には、太いケイで区切られているところは、そこで言葉としてつながらないことを表していますので注意して解いてください。

問題

■大きなマスには漢字が1文字入ります。
クロスを完成すると漢字3文字の熟語ができます。

たとえば

■タテ3「スイドウ」、ヨコ12「チカミチ」の場合、大きなマスには「道」という漢字が入ります。

同じように

■タテ13「カイサン」、ヨコ17「サンパツ」の場合、「散」という漢字が入ります。

■タテ11「キョウホ」、ヨコ18「トホ」の場合、「歩」が入ります。

三つの漢字で「散歩道」となります。

答 | 散 | 歩 | 道 |

相手に不足なし

タテのカギ

1. 湿っぽい部屋に設置して湿気を取る装置
2. 金の切れ目が○○の切れ目
3. 電子レンジで調理することをよくこういいます。「○○する」
4. うまくいっているということ
5. 虫にとっての鳥のような、ネズミにとってのネコのような関係
6. ドライバー
9. ウソ。たわごと
10. 言いがかりや文句をつけること。「○○○○○をつける」
12. 生年月日、手相、トランプ、夢などをもとに判断します
15. マザー
16. 両親の兄や弟は叔父。姉や妹は？

ヨコのカギ

1. 日本を英語でいうと
5. 生まれ持った運命
7. タバコ、コーヒー、酒など、いこいのひとときを楽しむもの
8. 相撲で負けること。「○○がつく」
9. 七福神のひとり。大きなお腹をして大きな袋を担いでいます
11. 勝負に手こずるほどの手強い相手のこと
13. お昼ご飯。ちょっとかっこつけていうと
14. 予想と反対の結果。「○○○に出る」
16. ペットの犬なら、これくらいの芸はできないと……
17. 立春を過ぎてはじめて吹く強い南風のことをこういいます

大きなマスには漢字が1文字ずつ入ります。
タテのカギ・ヨコのカギの答がうまく入る
ように漢字を入れ、出てきた**3文字の熟語**を
答えてください。

答

解答は118ページ

Question 2

新しいスタート

タテのカギ

1. 春の花・薄桃色・花見といえば
2. 故人の最後の想いを書いた文書
3. 紙幣の呼び方の一つ
4. お隣さん
5. インプット
7. 知識が豊富でいろいろなことを知っているということ
9. 古いタイプ
10. 力士が土俵でするウォーミングアップ。○○を踏むともいいます
11. いなくなっちゃうこと
12. 海水の別名
14. 移動式の配膳台
15. パソコンの必需品。カーソルを動かしたり、クリックをしたり……
17. 返事がないという意味。「○○のつぶて」

ヨコのカギ

1. 春の恵み。野山に芽を出したゼンマイやワラビなど
3. イヌやネコの恋の季節のこと
6. 一番列車
8. 風呂に入ること
9. 小麦粉に水を加えて練ったもの
10. 魚介類や果物の食べごろのこと
11. 1年生から6年生までが楽しく勉強しています
13. 春、野原にひょっこり顔を出します。漢字で「土筆」
14. 日本風ということ
16. 女性
18. 4月1日、エイプリルフールは○○をついてもいい日
19. ⇔ダブルス

大きなマスには漢字が1文字ずつ入ります。
タテのカギ・ヨコのカギの答がうまく入る
ように漢字を入れ、出てきた**3文字の熟語**を
答えてください。

答

解答は118ページ

Question 3

予想は当たるかな

タテのカギ

1. 5月のスカッと晴れた気持ちのよい天気のこと
2. 親の子どもに対する責任の一つ
4. ワイン
5. 酒や醤油や味噌を入れる木製の容器
6. ホームラン
8. ベートーベンの名曲。ジャジャジャジャ〜ンといえば
14. 晩ご飯
16. スマホや携帯電話・アドレス・絵文字といえば
17. ギャンブル
18. 外面を飾れば誰でも立派に見えるということ。「○○にも衣装」
19. マグロの缶詰といえば
21. チェア

ヨコのカギ

1. 抜き足○○○○忍び足
3. 目のシャッターといえば
7. ある物ごとについてよく知っているということ
9. アメリカで使われている通貨単位
10. 物ごとのおおもと
11. 5月3日は「○○○○記念日」
12. 工事用具。日本語では「かなてこ」
13. ○○に交われば赤くなる
15. 大当たり!!
16. 学校は川の中? 小さな淡水魚
19. ○○ショット、○○トーンカラー
20. 将棋で変わった動き方をする駒
22. ラーメンに入っているぐるぐる渦巻き模様の食材
23. サイコロを使った子どもの遊び

大きなマスには漢字が1文字ずつ入ります。
タテのカギ・ヨコのカギの答がうまく入る
ように漢字を入れ、出てきた**3文字の熟語**を
答えてください。

解答は118ページ

Question 4

晴天なのに、雨が……

タテのカギ

1. 梅雨の別称。漢字で「五月雨」
2. お手伝いさんのコスチュームを着た女の子がウエイトレス。「○○○喫茶」
3. アカガネとも呼ばれている金属
4. 6月4日は「○○○予防デー」です
5. 今後の空模様を教えてくれます
7. 今風にいうと「マジ」
9. 昨日の晩
13. 1960年代に若者たちの間で流行った、動きが激しい腰振りダンス
14. ほとんどものを言わないこと
15. 苗字
16. カメやカニの体の外側を被っている硬い殻
17. カサ、レインコート、長靴などなど

ヨコのカギ

1. 田植えをする若い女性
3. 半球形の天井や屋根のこと
6. ⇔適法
8. ご飯・天ぷら・たれといえば
9. 塩焼き、味噌煮が美味しい青魚
10. 英語でヒストリー
11. 心配ごとや苦労がなく、のんびりしていること
12. 田んぼや小川にいるトンボの幼虫
14. ○○○は寝て待て
18. ライオンやトラのように、荒々しい性質の肉食動物の総称
19. 物ごとが次々と現れることのたとえ。「○○のタケノコ」
20. 15人対15人で楕円形のボールを奪い合うスポーツ

大きなマスには漢字が1文字ずつ入ります。
タテのカギ・ヨコのカギの答がうまく入る
ように漢字を入れ、出てきた**3文字の熟語**を
答えてください。

解答は118ページ

Question 5

世界最大の海洋

タテのカギ

1 助言や忠告のこと
2 勝負に勝ったときにするのは○○○ポーズ
3 ツノがある動物の一つ
4 こっそり相談すること
5 梅雨の間は雲に隠れてなかなか見ることができません
6 溺れるものは○○をもつかむ
8 争いがなく、おだやかなこと
9 ヨーロッパやアメリカのことをまとめて
11 力強く勇ましいこと
13 イケメンとか美人ともいいます
14 犬が西向きゃ尾は……
15 マッサージや灸をするときのポイントをこういいます

ヨコのカギ

1 七夕に織姫と彦星がデートする場所といえば
3 7月第三月曜日は国民の祝日、「○○の日」です
6 畳がある部屋
7 小さなことにこだわらない度量が大きい人のこと
9 4ケタの数の単位。
10 日本の国技
12 現在の元号
13 水滴型をしたオレンジ色の夏の果物
15 うっとうしい季節もこれで終わり。本格的な夏がやってきます
16 日本の映画は邦画。外国の映画は？
17 いきなりということ。「藪から○○」
18 煮つけた油揚げで酢飯を包んだもの

大きなマスには漢字が1文字ずつ入ります。
タテのカギ・ヨコのカギの答がうまく入る
ように漢字を入れ、出てきた**3文字の熟語**を
答えてください。

答

解答は119ページ

Question 6

トマト、ナス、キュウリ……

タテのカギ

1 山で「ヤッホー」と叫べば「ヤッホー」と返ってきます
2 スペア
3 ラブ
4 盆踊りや花火大会に着て行きます
6 海に行ったり、山に行ったり、海外に行ったり……
7 かかとを上げずに、するように歩きます
8 眼に見えている範囲
10 女性の肌の悩み。紫外線には注意！
12 オードブル
15 背筋も凍る恐〜い話
16 暑いときは、これを開いてパタパタ
17 たくさんいたら忘れずに水分補給
18 その社会のとりきめ
19 オリンピック優勝メダルといえば

ヨコのカギ

1 勝敗が決めてある、なれあいの勝負
3 夏の淡水魚。漢字で「鮎」
5 最高気温が30℃以上の日のこと
7 よく冷やして塩をかけてガブリ。タネがないのもあります
8 頭隠して○○隠さず
9 作物の成長を助ける肥料
11 田と田の境目の堤
13 タコやイカのいざというときの武器
14 身分不相応の望みを持った人のこと
16 メスは鳴きません
17 元気がなく、しおれた様子。「○○○に塩」
19 常識では考えられない不思議な現象
20 白鳥を英語で
21 勤務地が変わること

大きなマスには漢字が1文字ずつ入ります。
タテのカギ・ヨコのカギの答がうまく入る
ように漢字を入れ、出てきた**3文字の熟語**を
答えてください。

解答は119ページ

Question 7

影絵が回る仕掛け灯籠

タテのカギ

1. 急いで食べると頭がキーンと痛い
2. 海や川の水に接しているところ
4. 代表的な針葉樹
5. いつもではありません
7. ベースランニング
8. 火事や事件にわらわらと集まってくる見物人
11. 怖〜いものを見たり怖〜い話を聞いたりしたときに感じるゾクゾク感
13. 高級海産物の一つ
15. あかりをつけること
19. 回転させて開ける戸
20. 首が長〜い動物といえば
21. 美人を形容する言葉。「立てば芍薬、座れば牡丹、歩く姿は○○の花」
22. 作物や果実で早く実がなるもの

ヨコのカギ

1. 夏バテ防止のスタミナ食といえば、ウナギの○○○○
3. 上から読んでも下から読んでも同じ野菜
6. ランナー
9. 地球の周りを回っています
10. 海外旅行でなる人もいれば、ならない人もいます。「○○ボケ」
12. 油
14. 非常に強くて負け知らずということ
16. 真偽、善悪を判断する能力
17. 勝ち馬投票券、略して
18. 茨城県の県庁所在地
21. アクセサリーの一つ
23. テールランプ
24. 入道雲のことです

大きなマスには漢字が1文字ずつ入ります。タテのカギ・ヨコのカギの答がうまく入るように漢字を入れ、出てきた**3文字の熟語**を答えてください。

解答は119ページ

Question 8

新しい発見をしよう

タテのカギ

1. 変わりやすいもののたとえです。「○○○○○○と秋の空」
2. サケの卵をほぐしたもの
3. 手に何も持ってない
4. してはいけない、ということ
5. パーッとハデにお金を使うこと
7. 歩いた歩数を数える道具
9. 選手のことをサッカーではイレブン。野球では？
12. ⇔夜
14. 上から読んでも下から読んでも同じ鳥
16. 十五夜の月といえば
17. 無理が通れば○○○が引っ込む
18. ブック
19. 昔使われていた重さの単位の一つ

ヨコのカギ

1. 昨日の昨日
3. 不遇。境遇の変化が激しいさま。「○○○な運命」
6. 穀物や落ち葉などをかき集める竹製の道具
8. あたり一面にちらばっていること
9. 秋の味覚。「ありの実」とも呼ばれています
10. イグサの茎で編んだ敷物
11. 売上高、出来高に応じた報酬のこと
13. ちょっとしゃれていること
15. 秋の味覚。漢字で書くと「秋刀魚」
18. キタキツネ・ジャガイモ・富良野といえば
20. キャッシュ
21. 野球で安打数÷打数のこと

大きなマスには漢字が1文字ずつ入ります。
タテのカギ・ヨコのカギの答がうまく入る
ように漢字を入れ、出てきた**3文字の熟語**を
答えてください。

答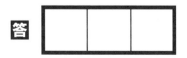

解答は119ページ

Question 9

子どもの成長を願って

タテのカギ

1. 11月3日はなんの日?
2. 酒を飲んでいないこと
3. グーとパーとチョキの戦い
4. まじりっけがないこと
5. 炭や練炭を燃料とする調理道具
6. 鳴かなければ、打たれなかった?
8. 一寸の虫にも○○の魂
11. お腹がいっぱいで、もう、何も食べられません
13. 草木が生い茂っていること
14. 子どもたちが楽しみにしているおやつの時間は?
15. 船をその場に停止させておくためのフックがついた重り
16. 畑を耕す道具の一つ

ヨコのカギ

1. 赤、白、ロゼといえばどんな酒?
3. ボクシング○○、スポーツ○○
6. 早口言葉「隣の○○○はよく柿食う○○○だ」
7. 大黒天と恵比寿と毘沙門天と弁財天と福禄寿と寿老人と布袋のこと
9. しみったれともいいます
10. 太りすぎということ
12. 視覚、聴覚、嗅覚、味覚、触覚のことをまとめてこういいます
13. 沖縄や奄美諸島にいる毒ヘビといえば
16. 洋食器の一つ
17. ○○○坊主、○○○天下、○○○ばしか
18. 秋を代表する花
19. 野山に紅葉を見に行くイベント

大きなマスには漢字が1文字ずつ入ります。
タテのカギ・ヨコのカギの答がうまく入る
ように漢字を入れ、出てきた**3文字の熟語**を
答えてください。

答

Question 10

風邪の特効薬？

タテのカギ

1 縁起物の熊手の露天で有名な祭り。「〇〇の市」
2 無罪という意味がある色
3 原料は牛乳です
4 ペット・ヒゲ・三毛といえば？
6 ビリヤード
8 浴室はバスルーム、湯船は？
9 お金を預けるとちょっとしかつかなくて、借りるとたっぷりつくもの
10 年末のイベントの一つ
12 仕事帰りにちょっと1杯というお店
14 ネズミに先を越された動物といえば!?
15 怒り叫ぶ声のこと
16 大晦日の夜に108回鳴らします。「〇〇〇の鐘」
17 健康に良い食事は〇〇八分目だとか

ヨコのカギ

1 大晦日、縁起をかついで食べます
5 香りの高い高級煎茶といえば？
7 体に良くないとわかっていますが、なかなかやめられないんです
9 機械や設備の長期賃貸のこと
10 兄弟姉妹の中で最後に生まれました
11 〇〇は道連れ世は情け
12 クリスマスの前夜
13 平和の象徴とされている鳥
14 体ばかり大きくて役に立たないこと。「〇〇の大木」
17 店を変えてあっちこっちで飲み歩くこと
18 苦難の多い人生という意味。「〇〇〇〇の道」
19 物ごとがはっきりしないこと

大きなマスには漢字が1文字ずつ入ります。
タテのカギ・ヨコのカギの答がうまく入る
ように漢字を入れ、出てきた**3文字の熟語**を
答えてください。

答

解答は119ページ

Question 11

寒波がやってくる

タテのカギ

1. 競馬や競輪などのギャンブルでの思いもよらぬ配当のこと
2. 服を脱ぐこと
3. マグロの脂がのった部分
5. 温度計の別称
6. おせち料理に入っている食べ物の一つ。甘いので子ども向き
8. 源義経の母親
10. コリコリした食感が人気の焼肉屋のメニュー
11. その時々の気分や思いつきで行動する性格
14. 正月料理・もち・汁物といえば
18. 煮出してスープをとるための鶏の骨のこと

ヨコのカギ

1. 正月、子どもたちが心待ちにしているものといえば
3. 新年を祝って飲みます
4. 風邪をひいたときなどに、熱が出てゾクゾクする感じのこと
6. ブラック
7. 古民家にある暖房兼煮炊き用の炉
9. 男が絶対かなわない女の武器
12. ミラクル
13. 細かいことは気にしないのんびりした性格
15. 将棋の駒の一つ
16. 草〇〇〇、肉〇〇〇
17. 風邪の予防にはこれがいちばん
19. 餃子・野菜・香りといえば
20. 〇〇〇ライス、〇〇〇うどん

大きなマスには漢字が1文字ずつ入ります。
タテのカギ・ヨコのカギの答がうまく入る
ように漢字を入れ、出てきた**3文字の熟語**を
答えてください。

答

解答は120ページ

Question 12

楽しい冬の遊び

タテのカギ

1. 節分のイベントの掛け声といえば
2. 正解のマークといえば
3. 急に立ち上がったりすると起きることがあります
4. 蒸気機関車の通称
6. 冬、雪が多い地方での家や建物を守るための作業
7. 入札前に関係者が価格を話し合いで決めること
9. チャレンジ
10. 男と女が集まって開く酒宴のこと
12. ヒーロー
14. 湯を入れて寝床で使う暖房用具
16. 冬は湯冷めしないように注意
17. ○○ビール、○○詰、○○コーラ

ヨコのカギ

1. 夫と妻
2. 節分のイベント。お父さんは鬼のお面をして逃げ回ります
5. 雪が降ると、あちらこちらに現れる白いモンスターといえば
8. 一晩
11. 弓を使って演奏する弦楽器の一つ
13. 赤いポリタンク・移動販売車・暖房用燃料といえば
15. お医者さん
16. 春が来るのが待ち遠しい季節
17. 野球やサッカーなどのスポーツを観て応援すること
18. 歳をとると、だんだん近くのものが見えにくくなってきます
19. 非常に背が高い人のこと

大きなマスには漢字が1文字ずつ入ります。
タテのカギ・ヨコのカギの答がうまく入る
ように漢字を入れ、出てきた**3文字の熟語**を
答えてください。

答

解答は120ページ

Question 13

春がやってくる

タテのカギ

1 地デジ・BS・ケーブルといえば？
2 生放送
3 男女一組のこと
4 ⇔プロ
5 春は寝心地がよくて、つい寝坊。「○○○○○暁を覚えず」
7 確定○○○○、青色○○○○
8 五七五は俳句、五七五七七なら？
11 居酒屋・串・ネギマといえば
12 耳につけるアクセサリー
13 どれもこれもみんな同じということ
14 相手が手ごわくて思うように戦えない状態
15 春と夏と秋と冬
17 二つで一組になること
18 雨上がりの空に現れる巨大な七色

ヨコのカギ

1 材料に水でといた小麦粉をつけて、高温の油で揚げる日本料理
6 ガンコで融通がきかない人のことをこういいます
9 春の彼岸の中日。昼夜の時間がほぼ等しくなります
10 他人の隠しごとなどを関係者にこっそり教えること
11 夜のパーティーに着ていく服を○○○服といいます
13 元素記号Au
14 髪を整える道具
16 一つの行為で、同時に二つの利益や効果をあげることを四字熟語で
19 ホテルでベッドが二つある部屋
20 日本語では稲妻型と呼ばれている形態

大きなマスには漢字が1文字ずつ入ります。
タテのカギ・ヨコのカギの答がうまく入る
ように漢字を入れ、出てきた**3文字の熟語**を
答えてください。

答

解答は120ページ

Question 14

いつまでも持ちたい

タテのカギ

1 食欲をそそる良い○○○
2 土の中にすんでいるニョロニョロ
3 地球の衛星
4 まじめで飾り気がなく、心も身体も強くたくましいことを四字熟語で
6 晴れた良い天気のこと
7 突然に、ということ。「○○から棒」
9 真ん真ん中
11 2で割れない数
12 アクシデント
13 春を代表する黄色い花。正称はアブラナ
14 お父さん
17 外出するときに履きます
18 電線や10円硬貨に使われている、やわらかい金属

ヨコのカギ

1 ボラの卵巣を塩漬けにして作る珍味
3 もう一度試験をすること
5 鉄板で焼いて食べる広島名物といえば
8 まるっきりという意味。「○○の素人」
9 都道府県の長
10 手品ともいいます
13 下手な鉄砲も数打ちゃ当たる？ 声をかけまくるのが成功の秘訣とか
15 かわるがわるということ
16 貫禄がつくということ。「○○がつく」
18 子どものような純真な気持ち
19 ネバネバ食品の代表格
20 果物で黄色・楕円形・ビタミンCといえば？

大きなマスには漢字が1文字ずつ入ります。
タテのカギ・ヨコのカギの答がうまく入る
ように漢字を入れ、出てきた**3文字の熟語**を
答えてください。

解答は120ページ

Question 15

富山、金沢につながるよ

タテのカギ

1. 香りのおしゃれ
2. 要職にある人について仕事の補佐をする人のこと
3. ○○○○電車、○○○○定期、○○○○快速
4. 世間ずれしていないということ
5. 意気盛んな新人のことを四字熟語で
8. 中心となるもののこと。「○○○産業」
10. ことわざ。「溺れるものは○○をもつかむ」
11. 日本の国鳥。オスは非常に美しいがメスは地味
12. 五月晴れの空を悠々と泳いでいます
15. 自動車・パンク・ゴムといえば
17. スペア
18. 2本でワンセットの鉄の道

ヨコのカギ

1. 5月5日は端午の節句
3. ある物ごとについて非常によく知っているということ
6. 端午の節句で、邪気を払うため風呂に入れる植物
7. 新しい住まい
9. 魚へんに弱と書く魚。
11. 現金、貴金属、有価証券など大切なものを保管しておきます
13. 祝いごとで贈られることが多い鉢植えの花といえば
14. 宴会などの取りまとめ役
16. ストレートは直線、カーブは？
19. 高級食材の大型甲殻類
20. 木材を食い荒らし、家をダメにしてしまう害虫

大きなマスには漢字が1文字ずつ入ります。
タテのカギ・ヨコのカギの答がうまく入る
ように漢字を入れ、出てきた**3文字の熟語**を
答えてください。

答

Question 16

結婚おめでとう

タテのカギ

1. ロースやカルビをジュウジュウ焼いて食べます
2. 天気雨のこと。「○○○の嫁入り」
3. お母さん
4. 欠点
6. 七福神のひとり。杖をたずさえシカを連れた長頭の老人
8. 京都のお茶所
11. パイロット
14. ⇔入院
15. 境内・お参り・鳥居といえば？
17. 天気図の記号、○は快晴、●は雨、◎は？
18. 環境問題になっている、ゴミを狙う真っ黒い鳥
20. 出世魚の一つ。漢字で「鰤」

ヨコのカギ

1. 夢中になってやめられなくなること
3. 「二十歳」と書いてなんと読む？
5. 77歳のお祝い
7. 通信販売、略して
9. 物を締めつけるための部品
10. 梅干を漬けるとき一緒に入れます
12. スタンダールの名作。『赤と○○』
13. イエローカードは警告、レッドカードは？
16. 栗毛・タテガミ・俊足といえば
17. 宝○○、ロト○○、あみだ○○
18. カンパニー
19. クリを使ったケーキ
21. 森にすむ小動物。漢字で「栗鼠」
22. 「締め込み」ともいいます

大きなマスには漢字が1文字ずつ入ります。
タテのカギ・ヨコのカギの答がうまく入る
ように漢字を入れ、出てきた**3文字の熟語**を
答えてください。

答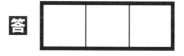

解答は120ページ

Question 17

うっとうしい季節

タテのカギ

1 竹・願いごと・天の川といえば
2 稲の苗が元気に育っています
3 「k」で表される単位
4 昼食
5 日本列島に寄り添うように停滞している長雨の源
7 どちらが勝つかわからないきわどい勝負
11 急に降り出した雨を避けて、ちょっとひと休み
12 夏、遠くに見える入道雲とのコントラストは最高
14 にわか金持ちのこと
16 春、夏、秋、冬、みんなまとめて
18 気分がふさいで何もする気になれない状態

ヨコのカギ

1 一生懸命働いたのに、1円にもなりませんでした
6 電車やバスの交通ルート
8 見ているだけで唾が出てくるご飯のおかずといえば
9 生き物はみな最後はここへ還る
10 ベッド○○○、ダウン○○○
12 夏はじっとしていても、にじみ出てきます
13 彼女が来ると、なぜか、いつも雨
15 線路の上を走ります
17 地球の緯度はこれが基準
19 いつも吸ったり吐いたりしています
20 シルバー
21 強い志で目的を遂げた人の伝記

大きなマスには漢字が1文字ずつ入ります。
タテのカギ・ヨコのカギの答がうまく入る
ように漢字を入れ、出てきた**3文字の熟語**を
答えてください。

解答は121ページ

Question 18

水分補給をしよう

タテのカギ

1. 子どもや泳ぎが苦手な人の海やプールでの必需品
2. 気がつくと肌が小麦色に……。原因は夏の強い紫外線
3. 夏はモリやザルでツルツルっと
4. 甲子園、応援団、優勝旗といえば
5. ライオンやトラなどの大型肉食動物のこと
7. まるで、メラメラと燃える火の中にいるような暑さです
9. 6月と8月にはありません
12. 非常に長い年月
14. 引き分け
15. スクリーン、入場券、字幕といえば
16. 平凡な親が優秀な子どもを生むことのたとえ。「○○が鷹を生む」

ヨコのカギ

1. 夏、ウナギといえば土用の○○○○
3. 物を貯蔵、保管するための建物
6. 口元にキラリと光るチャームポイント
8. 吠えたり咬んだりするので要注意！
9. 力士の準備運動
10. 儲けがあるということ
11. 立秋前のいちばん暑い時期。ご機嫌うかがいのハガキを出したりします
13. 次の日の夜
14. 面、小手、○○！
15. 小学生の夏休みの宿題といえば
16. 心情を○○する
17. 残念、○○が残る
18. 風呂上り、泡、枝豆といえば
19. 大も高も中も小も夏休み中です

大きなマスには漢字が1文字ずつ入ります。
タテのカギ・ヨコのカギの答がうまく入る
ように漢字を入れ、出てきた**3文字の熟語**を
答えてください。

解答は121ページ

Question 19

健康的に焼けた肌

タテのカギ

1 海水浴でのイベント。目隠しをして、棒を持って、エイッ！
2 調味料の一つ。高血圧の人は控えめに……
3 黒目のことです
4 加法とも呼ばれる計算方法
5 1年生から6年生までが通う6年間の義務教育といえば
7 細打ちにしたメンを氷で冷やして、つゆにつけて食べます
11 グレーは灰色、ブラウンは？
15 光を当てずに発芽させた、ヒョロッとした野菜
17 ショート○○○、バースデー○○○、ホット○○○
18 組織の長のこと

ヨコのカギ

1 リーンリーンと鳴くコオロギの仲間
6 善良すぎて他人にだまされやすい人
8 小さすぎること
9 ほんの少し先のことも予知できないことのたとえ。「一寸先は○○」
10 ようかん、大福もち、草団子……
11 日本原産、小型の愛玩犬
12 割合
13 香ばしい夏の飲み物
14 夕方になると飛び回る不気味な動物
16 人をひきつける艶かしい魅力
18 今までの苦労や努力を無駄にしてしまうこと。「○○に振る」
19 お化けたちが出没する時間。「草木も眠る○○○○○○」

大きなマスには漢字が1文字ずつ入ります。タテのカギ・ヨコのカギの答がうまく入るように漢字を入れ、出てきた**3文字の熟語**を答えてください。

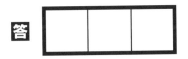

解答は121ページ

Question 20

ちょうどよい食事

タテのカギ

1. ⇔地下
2. 首振り三年ともいわれる、伝統的な竹製の楽器
3. 天高く○○肥ゆる秋
4. 歳をとるにつれ、髪が減ってゆく人もいれば、こうなる人もいます
6. 昨日から何も食べていないので、ものすごくお腹が減っています
8. ハックション！ 風邪かな、それとも誰かがウワサしてるのかな？
12. ⇔子分
13. 何かスポーツをやっている人に多い髪型
15. 小豆と砂糖で作った代表的な和菓子
17. 足に何も履いていないこと

ヨコのカギ

1. 十五夜の月のこと。「○○○○○○の名月」
5. 酒や食事をおごること。「○○○を切る」
7. 寝具の一つ
9. イガに包まれた秋の味覚
10. 琵琶湖がある県
11. 野菜を売っている店
13. 足が8本ある軟体動物
14. 月が出ていない真っ暗な夜
16. ゴルフで後半9ホールのこと
17. 1/2ということ
18. 白黒ツートンカラーのかわいい動物
19. 葉が針状の常緑樹
20. 昼夜の時間がほぼ同じ日。この日から夜がだんだん長くなっていきます

大きなマスには漢字が1文字ずつ入ります。
タテのカギ・ヨコのカギの答がうまく入る
ように漢字を入れ、出てきた**3文字の熟語**を
答えてください。

答

解答は121ページ

Question 21

旅先からのお便り

タテのカギ

1 暦の上で冬が始まる日
2 海岸から遠く離れた海
3 電車専用の鉄の道
4 夢のような作り話のこと
5 緑だった木々もすっかり茶色に色変わりしてしまいました
6 秋を代表する紅葉が美しい樹木
7 秋の七草の一つ
10 大きな黄色いくちばしが特徴の鳥。漢字で「家鴨」
12 軽くて暖かくてぐっすり眠れる。「○○○布団」
13 本棚のことです
14 方位磁石の記号、Nは北、Sは南、Eは？
16 干支でネズミとトラの間は？

ヨコのカギ

1 麻雀でテンパイして、もう手を変えないというときにこう宣言します
2 浴衣に着替えて、豪華な料理を食べて、露天風呂に入って……
4 画家
6 両刃ということ
8 ⇔本当
9 1年中緑の葉をつけているのは常緑樹。秋に葉が落ちる樹木は？
10 美味しい！という意味。「○○が落ちる」
11 封をした手紙のこと
15 山奥にあったりする、ほとんど知られていない温泉
17 毎週決まった曜日に発行される雑誌

大きなマスには漢字が1文字ずつ入ります。
タテのカギ・ヨコのカギの答がうまく入る
ように漢字を入れ、出てきた**3文字の熟語**を
答えてください。

解答は121ページ

Question 22

寒い季節に備えて

タテのカギ

1 イノシシの肉を使った鍋料理のことをこう呼びます
2 家庭用電気製品、略して
3 リビングルーム
4 ついやってしまう仕草のこと
5 1年中でもっとも昼が短い日
7 歌を歌うのが仕事
10 冬の果物の一つ
12 力を貸して助けること
13 冬はこれが低くなり、ものが燃えやすくなります。火の元に注意
14 かけそば+生玉子といえば
15 あらかじめ決められた日
16 ステーキの焼き方。強めに焼くはウェルダン、軽く焼くのは？
17 点と○○

ヨコのカギ

1 飲んで、食べて、騒いで、今年1年お疲れさま！
6 ウソ、デタラメ
8 ヘビやカエルやカメは、暖かい春が来るまでおやすみなさい
9 よく知っているということ
11 ⇔収入
15 食パンを数えるときに使う単位
16 コンビニやスーパーで会計をするところ
17 魚や野菜を買うときのポイントといえば
18 寒い日は、温めた日本酒が体にしみます
19 ギャンブル、JRA、有馬記念といえば

大きなマスには漢字が1文字ずつ入ります。
タテのカギ・ヨコのカギの答がうまく入る
ように漢字を入れ、出てきた **3文字の熟語**を
答えてください。

解答は121ページ

Question 23

希望と夢が膨らむ

タテのカギ

1 牛肉、サーロイン、レアといえば
2 ゴルフ用具の一つ
3 ブック
4 「苦労なく一度に大金を得る」という意味の四字熟語
5 結婚したてのホヤホヤ
7 ⇔生徒
9 年齢をごまかすときに読むのは？
11 菜の花の別称
12 悪いことをした報いという意味です。「身から出た○○」
14 春の一大イベント
15 時間の単位の一つ
16 英語でデスク
17 帰り道

ヨコのカギ

1 在庫
3 七福神のひとりで大きなお腹の持ち主といえば
6 スパイラル
8 三面記事、チラシ、番組表といえば
9 上ったり下りたり
10 原料は大豆
12 見渡す限り砂だらけの乾燥地帯
13 お祝いのケーキには年齢の数だけロウソクがのっています
14 鳥の翼
15 生き返る、勢いを取り戻すこと
17 口にしてはいけない言葉
18 生き生きとした様子
19 捕手や一塁手が使う野球用具
20 電車の旅の食事はこれ！

大きなマスには漢字が1文字ずつ入ります。
タテのカギ・ヨコのカギの答がうまく入る
ように漢字を入れ、出てきた**3文字の熟語**を
答えてください。

解答は122ページ

Question 24

どこが一番人気？

タテのカギ

1 竹林に生える春の味覚
2 世間の注目の的になるという意味。英語ならフットライト
3 舞台と客席を仕切る大きな布
4 すっぱい、黄色、楕円形といえば
6 遊園地のアトラクションの一つ
7 肉食動物が持つ鋭い歯
9 「○○○、礼！」
11 ○○自慢、○○相撲、○○時計
12 運動をするとかくけど、緊張しすぎてもかく
14 歌ってストレス解消
15 絶滅が危惧される光る昆虫
17 ショートケーキに欠かせない果実
18 社会科のジャンルの一つ
20 机と○○

ヨコのカギ

1 和室の床に敷いてあります
2 思いつきで行動する性格のこと
5 見物人
8 ⇔○
9 ○○・銀・銅
10 亀の背中といえば
12 働きものの虫。「○○とキリギリス」
13 動きが非常に速いことを四字熟語でなんという？
16 人家や商店などが立ち並ぶ、にぎやかな地域
19 自動車や自転車にはついているけど、電車にはついていない
21 みんな出かけていて誰もいません
22 どぶろくとも呼ばれる酒

大きなマスには漢字が1文字ずつ入ります。
タテのカギ・ヨコのカギの答がうまく入る
ように漢字を入れ、出てきた**3文字の熟語**を
答えてください。

Question 25

空と海の間には……

タテのカギ

1. 英語でミルキーウェイ
2. 昔の玩具。漢字で書くと「独楽」
3. 馬の毛色の一つ
4. 忍耐と辛抱が大切という意味のことわざ。「○○の上にも三年」
6. スイミング
7. 日本の東方から南方にかけて広がる広大な海
9. 夏、女性にとっては大問題の日焼けの原因
12. 花を生ける容器
15. 人間のために飼育される動物
16. 電車専用の交通路
17. 日本語では麦酒といいます
18. インテリア
19. 日本人の主食といえば

ヨコのカギ

1. 明後日の昨日
2. 米、麦、小豆、大豆、ソバ、トウモロコシなど
5. 雨が降ると、道路のくぼんだ部分にできる
8. 1年中で太陽が出ている時間がいちばん長い日
10. 寿司屋では甘酢ショウガのことをこう呼びます
11. 争ったり、反発しあっていたものが仲直りすること
13. 明治、大正、昭和、そして……
14. 暇な時間
18. 名所旧跡や温泉があって人がたくさん遊びにくるところ
20. いちばん速い泳ぎ方

大きなマスには漢字が1文字ずつ入ります。
タテのカギ・ヨコのカギの答がうまく入る
ように漢字を入れ、出てきた**3文字の熟語**を
答えてください。

答

解答は122ページ

Question 26

うさぎ何見て跳ねる?

タテのカギ

1. 度数が高いロシアの代表的な酒
2. 首の後ろの部分
3. 田んぼで育てられているのは
4. 金の切れ目が○○の切れ目
5. 子丑寅卯辰巳午未申酉戌亥のこと
7. 露天風呂、混浴、日帰りといえば
10. オリンピックのことをシンボルマークにちなんでこう呼びます
11. パンダの好物
13. 身分や、くらいのこと
14. 「尾花」とも呼ばれる秋の七草の一つ
16. 家来
17. 布団や毛布などのこと
18. 秋が旬の魚。漢字で「秋刀魚」
20. 物の中央部分

ヨコのカギ

1. 秋のイベントの一つ。最近では春にやる学校もあります
6. 繁華街の夜を色とりどりにまばゆく演出します
8. 交差点
9. 見た目は不気味だけど、食べるととても美味
11. 左に曲がります
12. 子どもの成長を祝う行事の一つ
15. 船が停泊するときにおろします
19. 子どもはくるくる回っているのが好きなんだそうです
21. 真夜中
22. 決心をしても、我慢できずに喫っちゃうを繰り返すこと多々
23. 地下にある高温の流動性の物質

大きなマスには漢字が1文字ずつ入ります。タテのカギ・ヨコのカギの答がうまく入るように漢字を入れ、出てきた**3文字の熟語**を答えてください。

解答は122ページ

Question 27

ビールで乾杯！

タテのカギ

1. 蛇口をひねると水が出ます
2. 官職などの地位のこと。社長の○○
3. ⇔子
4. ウインタースポーツの一つ
5. すっかり忘れてしまうこと
7. 今は他の場所で暮らしている者から見て、自分が生まれ育った場所
11. みんなで集まって、飲んで食べての楽しいひととき
13. パソコンのマウスをカチッと押すこと
15. 野球で速球が得意な投手のこと
16. 1年で太陽が沈んでから昇るまでの時間がいちばん長い日
17. ショート、チーズ、モンブラン……

ヨコのカギ

1. 年末に屋内のすすを払って大掃除をすること
3. ⇔メス
6. 冬といえば鍋料理。鍋料理といえば牛肉が主役の……
8. え〜と、なんだっけ、ほら、あれ、知っているのに思い出せない
9. 釣りで魚がエサに食いついているかを知るための道具
10. 自分より年齢が多い人のこと
12. 大厄は男性42歳、女性33歳
14. アップル
16. 酒を入れる容器
18. 12月に飾られるもの。「クリスマス○○○」
19. 話したり、聞いたり
20. 吹き替えの外国映画には必要ありません
21. 台所

大きなマスには漢字が1文字ずつ入ります。
タテのカギ・ヨコのカギの答がうまく入る
ように漢字を入れ、出てきた**3文字の熟語**を
答えてください。

答

Question 28

年の始めのごあいさつ

タテのカギ

1. 正月、子どもたちがそれで何を買おうかと楽しみにしているもの
2. ⇔不利
3. 人の好みはさまざまということのたとえ。「○○食う虫も好き好き」
4. 郵便物収集容器
6. 富士や鷹が出てくると、とくに縁起が良いといわれています
7. 正月用についたり、お供えしたり
9. 人に知られないようにこっそり隠していること
10. 復讐
11. 土木、建築などの作業
13. 非常に速いこと
16. 両親の姉や妹
17. 人やものを乗せて雪や氷の上を走ります

ヨコのカギ

1. 重箱に入れたお正月用の料理
2. 冬、寝るときに使う暖房具。漢字で書くと「湯湯婆」
5. 正月、神社やお寺は参拝客でいっぱいです
8. 空中を舞う非常に小さなゴミ
9. 学名はホモ・サピエンス
10. 料理の下ごしらえのこと
12. 誠実な性格
14. ものを入れる道具
15. 新年会などですべてを仕切る総責任者
16. 正月に飾る鏡もちのこと
18. 悪夢を食べるといわれている想像上の生き物
19. 正月、門や玄関に飾ります

大きなマスには漢字が1文字ずつ入ります。
タテのカギ・ヨコのカギの答がうまく入る
ように漢字を入れ、出てきた**3文字の熟語**を
答えてください。

答

解答は122ページ

Question 29

りっぱに成長したね

タテのカギ

1 ツートンカラー、たてがみ、草食動物といえば
2 今日の朝
3 たたきや干物やフライなどで有名な青魚
4 からっぽ。がらんどう
6 昔話の一つ。鬼退治で得た打ち出の小槌でハッピーエンド
7 スパイダー
9 立春のころにはじめて吹く強い南風のこと
11 相手の出方でこちらの対応が決まることのたとえ。「○○心あれば水心」
12 人間の知恵
13 日本料理の料理人
16 陰暦3月
19 ○○に入れば○○に従え

ヨコのカギ

1 ひな祭りに供える酒といえば
3 ⇔セーフ
5 おととい
8 無料という意味の隠語
10 パソコンのカーソルを動かしたりクリックしたりする入力装置
14 私が今こうしていられるのは、この方のおかげです
15 平たくて大きな桶。昔はこれで洗濯をしていました
17 墓石が立ち並んでいる場所
18 病気や災害が起こらないように前もって手を打っておくこと
19 0時から12時まで
20 火事のときの消火のために、道路に設けられた給水施設

大きなマスには漢字が1文字ずつ入ります。
タテのカギ・ヨコのカギの答がうまく入る
ように漢字を入れ、出てきた**3文字の熟語**を
答えてください。

答

解答は123ページ

Question 30

お花見に行こう

タテのカギ

1 新しく仲間になった人のこと
2 昼間とはひと味違った、趣のある花見が楽しめます
3 春、鼻がぐしゅぐしゅしたり、目がしょぼしょぼする原因はこれ
4 ⇔満ち潮
5 バツイチとかのバツのこと
8 邦楽の弦楽器の一つ
10 アナログは針で、デジタルは数字で
11 フルコースの一番最初に出てきます
14 金融機関の一つ
15 春の一大イベント。天候に左右されやすい
16 言ってはいけないことをうっかり言ってしまうこと。「○○を滑らせる」
18 お腹の真ん中にあります

ヨコのカギ

1 生物が食べたものを吸収しやすいように変化させる働きのこと
4 春、高い空で元気にないている鳥
6 桜の花びらが、風に吹かれて一斉に舞い乱れる様子
7 個人的な手紙
9 男らしいということ
12 わが子を実力以上に評価すること。「○○の欲目」
13 ⇔左
15 五・七・五、季語、松尾芭蕉といえば
17 はるか遠方に見える空と大地の境目のこと
19 和食に欠かせない調味料の一つ
20 春、野原をヒラヒラと飛び回る昆虫

大きなマスには漢字が1文字ずつ入ります。タテのカギ・ヨコのカギの答がうまく入るように漢字を入れ、出てきた**3文字の熟語**を答えてください。

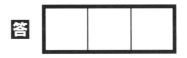

解答は123ページ

Question 31

好きな動物に会えるね

タテのカギ

1. 5月4日は国民の祝日「○○○の日」
2. 英語で「カー」
3. つねに吸ったり吐いたりしています
4. 林よりも木がいっぱい生えてます
5. 大工道具の一つ
6. 「ブタに真珠」と同じ意味です。「ネコに○○○」
10. 草もちに欠かせない材料
11. 人間の最大の煩悩といえば
13. 緑があって、ベンチがあって、散歩や休憩にはもってこいの場所
14. 1926年12月25日から1989年1月7日まで
16. ⇔成功
18. 出世魚の一つ
19. お祝いごとでよく贈られる可憐な花

ヨコのカギ

1. 半人前ということです
7. 暴言に対して暴言でかえすこと。「○○○○○に買い言葉」
8. 人が何か行動を起こすときのきっかけ
9. 本を別の言い方で
12. 自分さえ良ければ他人はどうなってもかまわないという考え方
14. ニワトリの品種の一つ。漢字で書くと「軍鶏」
15. 十二支で「子」と「寅」の間
17. 世間知らずという意味
19. パラダイス
20. みんなで飲み食いした飲食代÷人数=ひとり分料金ということ
21. 風邪の予防には手洗いと○○○

大きなマスには漢字が1文字ずつ入ります。
タテのカギ・ヨコのカギの答がうまく入る
ように漢字を入れ、出てきた**3文字の熟語**を
答えてください。

解答は123ページ

Question 32

夫婦になりました

タテのカギ

1. 失敗は○○○○のもと
2. 海中を漂う海藻の残骸
3. 日が差さず暗くてどんよりした天気
4. 議論の末にまとめられた考え
5. 融通がきかないほどまじめということ
7. まだ結婚の経験がありません
9. 春、南からやって来て軒下などに巣を作る鳥
11. セレモニー
12. 野球でボールを打った打者が猛ダッシュで目指すベースは
13. 足の裏の後ろの部分。漢字で「踵」
14. 前もって準備!
15. 雨の日の必需品で電車の忘れ物ナンバーワンといえば

ヨコのカギ

1. 雨の日が続くとどんどんたまってしまいます
5. 度胸があるということ。「○○がすわる」
6. 力士の位の一つ。三役の最下位
7. 雨上がり、自動車の水はねに注意
8. 正気なく、ぼんやりしている様子
10. この歳になってやっと伴侶にめぐりあえました
11. ウソの名前
13. 鶴は千年、○○は万年
14. ⇔和式
15. 梅雨の時期にはあらゆるものに生えてくるので注意
16. ほんのわずかな時間ということ「○○○の対応」
17. 雨が似合う花。漢字で「紫陽花」

大きなマスには漢字が1文字ずつ入ります。
タテのカギ・ヨコのカギの答がうまく入る
ように漢字を入れ、出てきた**3文字の熟語**を
答えてください。

Question 33

暑い季節も気をつけて

タテのカギ

1. 早起きな夏の花といえば
2. 9ケタの数の単位
3. 太りすぎということ
4. 子どもたちが楽しみにしている暑い時期の長期休暇
5. ピーヒョロロと鳴くタカ科の鳥
7. 分かれ道
8. 会社に勤めて給料をもらっている人のこと
10. 軒下、そよ風、涼しげな音といえば
11. あどけなくて、素直な様子
12. 池や川の中に住むといわれている想像上の生き物
13. 悲しいときやうれしいときに目からこぼれ落ちるのは
15. ⇔光

ヨコのカギ

1. ○○○クリーム、○○○キャンデー、○○○コーヒー
2. 七夕のヒロインといえば
5. 早起きは三文の○○
6. 最高気温が25℃以上の日のこと
7. ほとんど差がないということ
9. 中年以上の男たちの呼び名
10. 1日の疲れをとるには、やっぱりこれが一番
11. ○○が通れば道理が引っ込む
12. 夕立とともにやって来る夏の風物。ピカッ！ゴロゴロ
14. 人が住んでいます
16. さまたげ
17. 中国産の人気動物
18. キャッシュ

大きなマスには漢字が1文字ずつ入ります。
タテのカギ・ヨコのカギの答がうまく入る
ように漢字を入れ、出てきた**3文字の熟語**を
答えてください。

答

解答は123ページ

Question 34

晴天が続いているね

タテのカギ

1 野球でチームをまとめたり、指揮、指導をする役の人
2 ついてはいけません！
3 メン類の一つ
4 ⇔素人
6 夏、暑さを避けて行く海抜が高い涼しいところ
7 目に見えないけどあなたを取り巻いています
10 何も身に着けていないということ
11 英語ではパイン
13 指で体のツボを押すマッサージ
14 風はビュービュー、雨はザーザー
16 事情、わけ。「一身上の○○○」
17 過去・現在・○○○
18 刺されると痛い！

ヨコのカギ

1 神出鬼没の泥棒。「○○○○ルパン」
5 帰省ラッシュの時期にはあちらこちらで渋滞が……
8 良いときがあれば悪いときも……
9 海の中でフワフワ泳いでいる透明な軟体生物
11 ターゲット
12 辛抱ができず、すぐに怒ってしまう性格
13 ○○より量
14 英語で「Love」
15 健康のバロメーター。緊張したり、興奮したりすると高くなる
19 立秋を過ぎると残暑見舞いといいます

大きなマスには漢字が1文字ずつ入ります。
タテのカギ・ヨコのカギの答がうまく入る
ように漢字を入れ、出てきた**3文字の熟語**を
答えてください。

答

解答は123ページ

Question 35

直接話し合おう

タテのカギ

1. 秋に甘い香りのオレンジ色の小さな花を咲かせます
2. ともしび
3. 出入り口、鍵、チェーンといえば
4. 社会で高い地位について名を上げるという意味の四字熟語
5. 出先からそのまま帰ります
7. 結婚の話
11. 秘密は漏れやすいということのたとえ。「壁に○○あり障子に目あり」
12. 畳の敷きつめられた部屋のこと
14. 江戸時代の通貨の一つ
16. 障子やふすまで囲まれた畳を敷いた部屋
17. 現代的でしゃれていること
18. 印鑑

ヨコのカギ

1. 大阪とここだけが「府」です
3. そうあるべき正しいすじ道
6. ゴルフ○○○、カジュアル○○○、リゾート○○○
8. ひらめき
9. 百獣の王、ライオン
10. 樹木なら幹、花なら?
12. 座ったままで自由に語り合うこと
13. 祭りでわっしょいわっしょい担ぐ
15. 秋によく見られる雲。ほかにうろこ雲とか、さば雲とも呼ばれます
19. オーケストラはこれをする人がいないとまとまらない?
20. 竹、梅よりは上?
21. まんじゅうや鯛焼き、いっぱいつまっているとうれしい

大きなマスには漢字が1文字ずつ入ります。
タテのカギ・ヨコのカギの答がうまく入る
ように漢字を入れ、出てきた**3文字の熟語**を
答えてください。

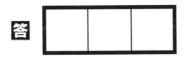

解答は124ページ

Question 36

エールを送ろう

タテのカギ

1. 幽霊の正体見たり枯れ○○○
2. 心臓の規則的な動き
3. ことわざ「百聞は一見にしかず」の類語。「○○より証拠」
4. イガイガに入った秋の味覚
5. お客さんが来たときに対応するための部屋
7. ゴウゴウと燃え盛る炎の色といえば
10. 困っている人に手を差し伸べて助けること
11. 音楽を演奏する集団
12. 誰かを恋しいと思う気持ち
15. 指にキラリ！
16. おとなしくて、毛がふさふさしていて耳が長い動物
18. 自分の子どもの子ども

ヨコのカギ

1. 秋の空と同じく変わりやすい？
6. 秋の山によく落ちている木の実
8. 呼びかけにこたえること
9. 「がんばれー！」とか「ファイトー！」とか「負けるなー！」とか
11. 歳をとるとみんなこうなるらしい
13. 右足用と左足用の二つでワンセット
14. 大酒飲みのこと
17. 米などの粉をこねて、蒸したりゆでたりして丸めた和菓子
18. 物ごとの終わり
19. 薬味として使われるネギとタマネギの雑種の野菜
20. キャッスル

大きなマスには漢字が1文字ずつ入ります。
タテのカギ・ヨコのカギの答がうまく入る
ように漢字を入れ、出てきた**3文字の熟語**を
答えてください。

答

Question 37

神様が集まる月

タテのカギ

1. 学校を卒業せずに、途中でやめること
2. 「天真爛漫」と同じ意味の四字熟語
3. お坊さんが読経のときに叩いて鳴らす木製の仏具
4. 高齢者は黒く染め、若者は茶色に染めることが多い
5. 初もうではお寺かここへ
6. 秋になると生まれ故郷の川に戻って来て産卵します
10. 出産予定の月のこと
11. 腕力のこと。「○○○○○」が強い
13. 鍋料理によく使われるひらひらしたキノコ
14. 秋の終わりごろ、赤く色づくカエデの別称

ヨコのカギ

1. 煙、灰皿、ライターといえば
3. フルーティーな香りと強い酸味が特徴のコーヒー豆
6. じゃんけんのグーとチョキとパーのような勝ち負けの関係
7. 生物の重要な組織の一つ
8. 当たりますように
9. タダ
12. 幸運頼りの予想を立てて準備すること。「○○を掛ける」
15. 実るほど頭をたれる○○○○かな
16. ⇔敵
17. ローン
18. しみったれた性格
19. 相撲取りのユニフォーム

大きなマスには漢字が1文字ずつ入ります。タテのカギ・ヨコのカギの答がうまく入るように漢字を入れ、出てきた**3文字の熟語**を答えてください。

答

解答は124ページ

Question 38

火事だ！出動だ！

タテのカギ

1. 風邪の症状の一つ。ハックション！
2. 夕方、西の空に沈んでゆく真っ赤な太陽
3. よ～く伸びます
4. ⇔点灯
5. おでんには欠かせない白くて水分の多い冬野菜
7. 新郎と新婦が永遠の愛を誓うセレモニー
8. ダウンジャケットやオーバーやマフラーや手袋など
10. ○○○○先に立たず
12. 酒に酔っていないということ
13. 自家用車を保管しておく場所。ガレージ

ヨコのカギ

1. 結婚指輪は左手の○○○○○○にします
3. 12時から24時まで
5. 治水などの目的で河川をせき止め、水を貯める構造物
6. 買い物をしたときに、上乗せされます
9. ネコも大好きな暖房器具
10. 攻めたり守ったり
11. 剣道の決まり手の一つ
12. 花札に描かれている角がある動物
14. 遊園地で過激な乗り物は苦手という人にお勧めです
15. ヒゲがある淡水魚
16. 冬が旬の高級魚
17. 電話などの親機に対して？

大きなマスには漢字が1文字ずつ入ります。
タテのカギ・ヨコのカギの答がうまく入る
ように漢字を入れ、出てきた**3文字の熟語**を
答えてください。

答

解答は124ページ

Question 39

待ちに待っていた日

タテのカギ

2 チャンス
3 木造建築物を建てたり修理したりする職人
4 フルムーン
5 地球と太陽の間に月が入って、太陽が月に隠れる現象
7 イヌやネコなどの動物が住処の害虫
8 小中学校のいこいの時間
10 思わずとか、うっかりという意味
11 ミルクを入れたりレモンを入れたりジャムを入れたり飲み方はいろいろ
13 風呂に入ること
16 手○○○○、郷土○○○○、会席○○○○
18 ドラゴン
20 ○○は広いな、大きいな

ヨコのカギ

1 十五夜にススキを飾り、栗や芋とともに供える白くて丸いもの
6 10月第二月曜日の国民の祝日をなんという？
9 推理小説のトリックでよく使われる出入り不可能な部屋
12 車にガソリンを入れること
14 愛媛県の旧国名
15 歩みが遅い家畜
17 皮が硬く食べるのに手間がかかる秋の味覚
19 料理の味を決めるもの
21 料理に添えられる、ねぎ、わさび、しょうが、山椒、唐辛子など
22 修学○○○○、海外○○○○、新婚○○○○

大きなマスには漢字が1文字ずつ入ります。タテのカギ・ヨコのカギの答がうまく入るように漢字を入れ、出てきた**三つの漢字で熟語**を作ってください。

解答は124ページ

Question 40

熱、のど、咳に……

タテのカギ

1. 首に巻く防寒具
2. 食べすぎ、飲みすぎ、胸焼けのときに服用します
3. 思春期、青年期に顔、胸、背中にできる吹き出物
4. ポリフェノールを含んだ甘いホットドリンク
8. 旅人を乗せて名所旧跡をまわる大型の乗り合い自動車
9. 冬が旬の出世魚
11. 不正なやり方
12. ピープー、冷たくて乾燥している冬の風物
13. 電卓の普及で今ではほとんど見ることがない計算器
16. 甘い調味料
18. アクシデント

ヨコのカギ

1. ジンとベルガモットで作るカクテル
4. うどんの歯ごたえのこと
5. シイタケ、シメジ、マツタケ、マッシュルーム、トリュフなどなど
6. 結婚指輪をはめるのは左手の
7. レッド
10. 悪い気。「○○○を払う」
13. 雪の上を滑る乗り物
14. 1箱20本入りといえば
15. カウントダウン。「スリー、ツー、ワン、○○」
16. 新潟県の沖にある大きな島
17. 他人の意見や批評をまったく気にせず聞き流すことを四字熟語で
19. 鍋が美味しい、冬が旬の大型魚
20. 先生も走る12月

大きなマスには漢字が1文字ずつ入ります。タテのカギ・ヨコのカギの答がうまく入るように漢字を入れ、出てきた**三つの漢字で熟語**を作ってください。

解答は124ページ

Question 41

冬に食べたくなる

タテのカギ

1. 元旦の朝、見晴らしのよい場所から見る神々しい光
2. 服など身に着けるもの
3. お金はいりません
5. 事実をもとに、まだわかっていないことを推し量ること
6. 正月に親類や知人の家を回って新年のあいさつをすること
8. 浅い半球形の調理道具
12. 朝起きるとほとんど覚えていない
14. 調味料の一つ
17. 白鳥
18. 円舞曲
19. 掛け算、81は九九、16なら？
21. スーパーやデパートや飲食店などで支払いをするところ

ヨコのカギ

1. 羽根突きに使う板
4. ⇔高値
7. 若者が使う俗語で友人のこと
9. ⇔アウト
10. 植物に与える栄養
11. 壊れたところを直すこと
13. 師匠について、学問や技術を学ぶ人たち
15. 物の重さ
16. ⇔メス
18. 損をするという意味。「○○を食う」
20. ふたりが似通ったもの同士であることのたとえ。「○○○○にとじ蓋」
22. あっという間
23. 旧暦1月。漢字で「睦月」

大きなマスには漢字が1文字ずつ入ります。タテのカギ・ヨコのカギの答がうまく入るように漢字を入れ、出てきた三つの漢字で熟語を作ってください。

Question 42

布団から抜け出せない

タテのカギ

1 目の上の重要なメークポイント
2 煙を吐いて走る列車
3 冬が去り、寒さがやわらぐ時期。春のはじめごろ
4 物ごとに飽きやすく長続きしないことを四字熟語で
5 布団・枕・毛布
6 V字型に並んで飛ぶ冬鳥
8 羽毛布団の場合は上にかけるが正しい
9 興行などの最後の日。「千秋○○」
10 食べる嗜好品
13 収入が支出を上回っていること
14 東の空に昇る太陽
15 これがやって来たら大雪に注意！
17 カクテルによく使われるスピリッツ
19 金属製の容器

ヨコのカギ

1 節分のイベント
5 新年早々、どこへも行かず、のんびりと家でゴロゴロ
7 生物が状況に応じて少しずつ変わってゆくこと
8 地中で生活する動物。漢字で書くと「土竜」
10 風邪をひいたときなどに作る、胃にやさしい食べ物
11 むやみやたらと食べる人のこと
12 鬼は外、○○は内
15 下手な鉄砲も○○撃ちゃ当たる
16 家と家の間を通る細い道
18 朝、配達される新聞
20 おばさんはオバン、おじさんは？
21 ひっきりなしという意味

大きなマスには漢字が1文字ずつ入ります。タテのカギ・ヨコのカギの答がうまく入るように漢字を入れ、出てきた三つの漢字で熟語を作ってください。

答

Question 43

南風がやってきた

タテのカギ

1. 食べ物や飲み物を気前よく振る舞って盛大にもてなすこと
2. 通貨記号で$
3. 危険
5. 喧嘩のとき、相手に威勢のいい言葉を発すること。「○○○を切る」
7. 怪しい侵入者を見つけると吠えて威嚇します
10. 3月3日、女の子のお祝い。ひな祭りのこと
11. 12歳くらいから17歳くらいまでの微妙な時期
15. 尺貫法で体積・容量の単位、十勺で一合、十合で一升、十升で？
17. 日本語では接吻
18. 麻雀は○○を使うゲーム

ヨコのカギ

1. 仲むつまじい夫婦を雄雌仲の良い鳥にたとえて「○○○○夫婦」といいます
4. 卒業式で歌われたり、閉館、閉店のBGMとして流れる曲。「○○○の光」
6. みんな出かけていて家にいるのは私だけです
8. トゲのある美しい花
9. よく知られている冬鳥。ネギをしょって来る？
12. 今日の朝
13. 二十四節気の一つ。太陽が真東から昇り、真西に沈む
14. 木を切る道具
16. もうちょっとで危険に陥りそうな瀬戸際のことを四字熟語で
19. 黒石と白石の陣地取り
20. ⇔ボール

大きなマスには漢字が1文字ずつ入ります。タテのカギ・ヨコのカギの答がうまく入るように漢字を入れ、出てきた三つの漢字で熟語を作ってください。

答

Question 44

今日から独り立ち

タテのカギ

1 手軽に食べられる酒の肴のこと
2 相手の会社を敬っていう言葉
3 笑う○○には福来る
4 誰もが自分のところにやって来てほしいと願っているもの
5 屋根に落ちた雨水の通り道
7 未知の遠い星にいるかもしれない知的生命体
8 宗教的儀式を行う建物
11 地元で取れた生産物は地元で消費しましょうということ。「○○○地消」
13 運転手
14 アブラナのこと
15 自動車の心臓といえば
17 昆虫が幼虫やサナギから成虫になること

ヨコのカギ

2 カツオブシのこと
4 京都や奈良をこう呼ぶことも
6 野球でピッチャーが投球する場所
8 俵型で表皮に細かい毛がびっしり生えている果実
9 まだ誰も知らないこと
10 会社でいちばん偉い人
12 音
14 「今」を英語で？
15 みんなで楽しく飲んだり食べたり騒いだり
16 他人に対する思いやりの心
18 難しい問題
19 インド料理、定番中の定番

大きなマスには漢字が1文字ずつ入ります。タテのカギ・ヨコのカギの答がうまく入るように漢字を入れ、出てきた三つの漢字で熟語を作ってください。

答

Question 45

地図やスマホを活用

タテのカギ

1. 5月の青い空を、たてに並んでゆったり泳いでいます
2. 人前に出ると、どうしても積極的に行動できない性格
3. どうにもならなくてあきらめること。「○○を投げる」
4. 剣道や柔道など武芸を修練をする場所
8. 気持ちや感情を外に出せず内に閉じ込めてしまう性格
9. 問題にしないこと
14. 2人の組み合わせはコンビ、3人の組み合わせは?
15. 物質の三つの状態は、気体・液体とあともう一つは?
16. 空気

ヨコのカギ

1. 5月5日端午の節句といえば
3. オレオレ○○、結婚○○
5. 漢字で「躑躅」と書く春の花
6. 野原や畑の中を通っている
7. 海にいる軟体動物
10. 忙しい仕事
11. 家族や親類のこと
12. 40歳
13. 誰かを愛おしく思う切ない気持ち
14. 試験の答え
15. 塾や予備校で教える人
16. 気持ちを引き締めるという意味。「○○を正す」
17. 矛と○○
18. 目には○○○山ホトトギス初ガツオ
19. おみくじで超ラッキーということ

大きなマスには漢字が1文字ずつ入ります。タテのカギ・ヨコのカギの答がうまく入るように漢字を入れ、出てきた**三つの漢字で熟語**を作ってください。

答

Question 46

本日買い物はお休み

タテのカギ

1 毎年6月ごろの長雨の時期
2 大きな目が特徴
3 人や車が行ったり来たり
4 旅行でその土地の特産品を手軽に味わえます
5 囲碁で最善とされる決まった打ち方
6 なんらかの理由で交通機関がストップすること
8 地面の下に作った部屋
9 梅雨時に咲く代表的な花
11 その日に起こったいろいろなことを書き留めます
12 生命○○○、自動車○○○、火災○○○
13 浴槽

ヨコのカギ

1 誕生日
3 ついつい張ってしまうもの
6 消極的な性格
7 電車やバスで、通勤通学するときの必需品
8 めずらしい食べ物のことを○○味といいます
9 人が住んでいない家
10 旅行に行ったり、買い物に行ったり、家でのんびりしたり
11 米と米こうじで造る酒
14 「弘法も筆のあやまり」と同意。「○○も木から落ちる」
15 小さくて丸い
16 自然の中で、テントを張って生活します

大きなマスには漢字が1文字ずつ入ります。タテのカギ・ヨコのカギの答がうまく入るように漢字を入れ、出てきた**三つの漢字で熟語**を作ってください。

解答は125ページ

Question 47

今日は暑い！温度は……

タテのカギ

1. 短冊に願いごとを書いて笹竹に吊るす7月7日のイベント
2. 大きな石のかたまり
3. 囲碁や将棋のプロ
5. 水や清涼飲料の透明な容器
8. 双子を英語でいうと？
9. 男は○○○○、女は愛嬌
10. プラン
12. 果実のたね、核
14. 太陽の上昇に伴って上がってゆき、日没後下がってゆく
16. ○○○メート、○○○ルーム
18. 山や谷で音や声が反響して聞こえること
19. 鍵

ヨコのカギ

1. しっぽまであんこがつまってる！
4. ゴルフの競技会のこと
6. 泥棒を捕らえて○○をなう
7. 空気中に含まれる水分の割合
11. 足し算、引き算、掛け算、割り算が得意な機械
13. 家の周囲に作る植木の囲い
15. 風の力だけで水上を走る船
16. サブロクジュウハチとかシチシチシジュウクとか
17. おだやかで優しい性格
20. 生きの良い魚と職人の技が命の和食
21. ビアガーデン、ジョッキ、泡といえば

大きなマスには漢字が1文字ずつ入ります。タテのカギ・ヨコのカギの答がうまく入るように漢字を入れ、出てきた**三つの漢字**で熟語を作ってください。

Question 48

新車よりも、この車

タテのカギ

1. 不用品を再利用
2. ⇔婿
3. 寿司屋では「ガリ」と呼ばれている
4. スケジュール
6. 車の保管場所
7. まわりからオジサン、オバサンと呼ばれる年ごろ
9. 野球道具の一つ
11. コピー
13. 喫煙者にとって、なかなか越えられない壁
14. 大根、がんも、はんぺん、こんにゃく、竹輪、厚揚げ、ゆで玉子
15. いにしえのみやこ
16. ⇔中央
17. マングースと戦います

ヨコのカギ

1. 金銭を受け取ったしるしに渡す書き付け
5. フカヒレの原料
8. 赤ちゃんや小さい子どもを乗せて運ぶ手押し車
10. 義務教育の終わりの3年間勉強するところ
12. 空で28日周期で満ちたり欠けたりしています
14. ○○読みと訓読み
16. 温故○○○
17. 服装などが人目をひくほど華やかなこと
18. 11月3日「○○○の日」は日本国憲法が公布された日です
19. ピッチャーがマウンドに上がること

大きなマスには漢字が1文字ずつ入ります。タテのカギ・ヨコのカギの答がうまく入るように漢字を入れ、出てきた**三つの漢字で熟語**を作ってください。

解答は126ページ

コタツもヒーターも……

タテのカギ

1. ⇔ガール
2. 鍋料理やそばやうどんに欠かせない野菜
3. 習いごとの初歩のこと
4. 冬、冷たい風が吹いてくる方向
5. 停止せよという意味
7. 木をけずる大工道具
9. 日本の伝統楽器。口で弾くことも？
12. フナやコイが泳いでいます
14. 横綱のおともは太刀持ちと……
15. 石油〇〇〇〇、ガス〇〇〇〇
17. 昔はほとんどが左ハンドルになっていました
19. 紫を帯びた濃い青色

ヨコのカギ

1. 今年も終わり、みんなで宴会
6. 道の両脇の部分
8. 何がなんでもという意味。「〇〇にかじりついてでも」
10. めでたいことがあったときに炊く
11. ほとんど効果がないという意味。「〇〇〇〇に水」
13. 暑いっ！
15. はしっこ
16. 携帯電話やスマホが使えない
18. 良い香りの仏前の供え物
20. 知らないふりをすること。「〇〇を切る」
21. 茶色
22. 内気で恥ずかしがりということ

大きなマスには漢字が1文字ずつ入ります。タテのカギ・ヨコのカギの答がうまく入るように漢字を入れ、出てきた**三つの漢字で熟語**を作ってください。

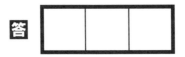

解答は126ページ

めでたいものだね

タテのカギ

1. 正月やお祝いのときの大小2個をひと重ねにしたお供えもの
2. 聞くは一時の○○、聞かぬは一生の○○
3. 他のことを考えていて、目の前のことがおろそかになること。「○○の空」
4. 寒い日に飲む酒は温めて
5. 昔の子どもの遊びの一つ
7. 歴史ものやアニメも？ 特徴のある服装
8. 酸っぱいけど体によい食物
9. 2色の正方形で構成されたチェック柄の模様。「○○○○模様」
12. あることを行うのに必要な条件や能力のこと
13. 平和のシンボルの鳥
15. 出入り口の扉

ヨコのカギ

1. 冬が旬の貝。栄養価が高いので海のミルクとも呼ばれる
2. 新年早々、寺社にお参りに行くこと
4. 冬は空気が乾燥しているので、とくに火の扱いには注意！
5. 冬の定番鍋料理おでん。穴が開いている具といえば
6. 手軽に食べられる水分たっぷりの冬の果実。
8. ○○○○○○○松に鶴
10. ⇔母
11. 頭に被る
13. 2本で1組の食器
14. 正月に家の門口に立てる飾り
16. 水族館のことを英語で

大きなマスには漢字が1文字ずつ入ります。
タテのカギ・ヨコのカギの答がうまく入る
ように漢字を入れ、出てきた**三つの漢字で熟
語**を作ってください。

答

Question 51

勇ましいエピソード

タテのカギ

- **2** 一般的に使われているガソリンをこう呼んでいます
- **3** これをまかないと植物は生えてきません
- **4** 休息
- **6** 携帯電話の普及とともに消えた、駅の改札口付近にあった便利アイテム
- **8** スーッとした爽快感があるハーブ
- **10** 真ん中
- **12** 何ごとも恐れない強い気持ち
- **13** ワシより小さい猛禽類
- **14** 和食に不可欠の調味料
- **16** 戦うための道具
- **17** 不注意で思わずしくじった！
- **19** 雪の上を2枚の細長い板でスイスイ滑る
- **21** 袖振り合うも多生の○○

ヨコのカギ

- **1** いたるところでチョコレートが贈られる2月14日
- **5** ヒゲ、ツメ、コタツといえば
- **7** これをしているときがいちばん楽しい
- **9** DNA
- **11** 観賞用の可憐な花
- **13** 他の誰かに話すこと
- **14** チャイルド○○○、○○○ベルト
- **15** 勇気があって危険や困難を恐れず立ち向かってゆくこと
- **17** 隣の客がよく食べる？
- **18** ○○タオル、○○ルーム
- **20** 侍
- **21** 予定を先にのばすこと
- **22** 冬の子どもたちの遊び

大きなマスには漢字が1文字ずつ入ります。タテのカギ・ヨコのカギの答がうまく入るように漢字を入れ、出てきた三つの漢字で熟語を作ってください。

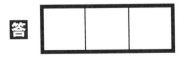

解答は126ページ

Question 52

深夜の出来事

タテのカギ

1. 昼も夜も休みなしという意味の四字熟語
2. 桃太郎の家来になった鳥
3. 年度末になると多くなる交通渋滞のもと。「道路○○○」
4. すべてがパー。水の○○
5. 宇宙空間はこの状態
7. ケガや病気が治ること
10. 最後という意味
11. 夜更かししたとき、空腹を満たしてくれます
12. 料理人
14. そのことしか目に入らない状態
15. 値段
17. ○○を天に任す

ヨコのカギ

1. 振るとガチャガチャ小銭の音がする
6. 夏はこれをあおいで涼をとる
8. 気が合うこと。「○○が合う」
9. 英語でパール
10. ずーっと暗くならないまま朝が来る現象
13. 空気中をモクモクモクモク広がり漂う
16. 四川、北京、広東、上海、それぞれ味つけに特徴があります
18. 片目を閉じて、こっそり合図を送ること
19. ○○○は危うきに近寄らず

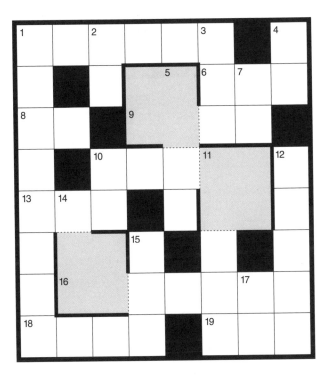

大きなマスには漢字が1文字ずつ入ります。タテのカギ・ヨコのカギの答がうまく入るように漢字を入れ、出てきた**三つの漢字で熟語**を作ってください。

解答は126ページ

Question 53

強く生きよう

タテのカギ

1 新幹線や特急に乗るときにあらかじめ取っておこう！
2 人の定められた幸福と不幸のめぐり合わせ
3 初夏のころから強くなる日焼けの原因
4 承認のしるしとして押すハンコ
7 ケーキに年齢の数だけロウソクを立ててお祝いします
8 大昔に絶滅したと思われていた「生きた化石」と呼ばれる古代魚
10 二つの物体が互いに引き合う力
13 ニワトリの種類の一つ
15 漬物に使われる玄米の種皮や胚芽の粉末
17 不用意にものを言ってはならないという戒め。「○○は禍のもと」

ヨコのカギ

2 涙をこぼすのは悲しいときだけではありません
5 何かをするとき、見習うべき人や物のこと
6 イタリア料理のことを俗にいうと
9 手相占いでは、これを見るとその人の寿命がわかるらしい
11 口に出してはいけない言葉
12 相撲取り
14 その人が生まれた家
16 何をやってもうまく行かず、裏目に出てしまう日
18 端午の節句に供える、あんこ入りのもち菓子といえば？
19 普通サイズはM、大きめサイズはL、小さめサイズは？

大きなマスには漢字が1文字ずつ入ります。タテのカギ・ヨコのカギの答がうまく入るように漢字を入れ、出てきた**三つの漢字で熟語**を作ってください。

Question 54

日焼けに注意!

タテのカギ

2. 世界的なイベント、エイプリルフール。日本語でいうと「四月〇〇」
3. チョウやガの羽根をおおうウロコ状の組織
5. 春に美しい声でなく野鳥。別名「春告鳥」
6. 三つに分かれる道
8. 月日が過ぎるのはとても早いものだというたとえ。「〇〇〇〇矢のごとし」
9. ランドセルが大きく見える、小学生に成りたてのホヤホヤ
12. 神社や寺の境内に露店や屋台が出てにぎわう日
15. 誰もが無意識にやっていること
16. 風呂場。湯殿
18. すがたかたち
20. 独占〇〇、名誉〇〇

ヨコのカギ

1. 春、空の上のほうで一生懸命鳴いている鳥
4. 蛇の目傘は和傘、こうもり傘は?
7. 名所や旧跡を訪れ、風景を楽しんだり、料理を楽しんだりすること
10. 畳表に使われる植物
11. 電車が遅れて〇〇〇証明書をもらった
13. 最後の一つになるまで席を取り合う!「〇〇取りゲーム」
14. 何度も確かめること。「〇〇を押す」
15. 温泉地によくある、男女が一緒に入れる風呂のこと
17. ダイアリー
19. 競技などで第1位
22. ひそかに計画された悪事
23. 〇〇〇誰の子スギナの子

大きなマスには漢字が1文字ずつ入ります。タテのカギ・ヨコのカギの答がうまく入るように漢字を入れ、出てきた**三つの漢字で熟語**を作ってください。

答

解答は127ページ

Question 55

みんなで野球しよう

タテのカギ

- **2** 途中で余計なことをして無駄な時間を使ってしまうこと
- **3** 夫の配偶者
- **5** 人の○○○も七十五日
- **7** お茶を飲むときに使う道具
- **8** 火事や事件があると、どこからともなくわらわらと集まってくる見物人
- **9** 親のありがたさは亡くしてから気づくことが多いので元気なうちに
- **11** エピソード
- **15** 目は○○ほどにものを言い
- **17** さくらんぼ
- **19** バスケットボールとかサッカーとかバレーボールとか……
- **22** 動物などに与える食物
- **24** 打撲傷の痕にしばらく残ることも

ヨコのカギ

- **1** 人に知られないようにしていること
- **4** 紅○○○○、○○○○焼き……
- **6** 5月5日に食べる、笹で巻いた蒸しもち
- **10** 食用の植物
- **12** 野山に生えている草
- **13** 首の後ろの髪の生えぎわ
- **14** 火力が強くて煙が少ない個体燃料
- **16** パタパタあおぐ道具。漢字で「団扇」
- **18** みんなが住んでいる青い惑星
- **20** ⇔後
- **21** ボイス
- **23** ○○シート、○○ウインドー
- **25** 耳が長い動物
- **26** 宇都宮、浜松が有名

大きなマスには漢字が1文字ずつ入ります。タテのカギ・ヨコのカギの答がうまく入るように漢字を入れ、出てきた**三つの漢字**で熟語を作ってください。

解答は127ページ

晴れているのに雨？

タテのカギ

1. 11月22日は「いい○○の日」
2. 空の下で、のんびり入る温泉
3. 人間関係はうつろいやすいというたとえ。「○○○の敵は今日の友」
4. すぐにやんでしまう、急に降ってくる雨
5. 初夏に出回るしずく型の果実
7. おもちゃ
10. すぐにカッとなってしまう性格
11. ヒザを開いて、足を組んで座ること
12. どういう人物かうかがわせるような雰囲気とか身なりのこと
14. さいころの出目、奇数は半、偶数は
15. ○○○ドア、○○○ウェア
17. 保ち続けること

ヨコのカギ

1. ものを持ち運ぶときに使う、便利な四角い布
4. 夏、これが当たる部屋はいつまでもムシムシと暑い
6. 夜空に横たわる無数の星々の流れ
8. 高い山から見下ろすと見ることができる
9. おだてりゃ木に登る？
12. ホテルなどの受付
13. 雨が降ったときに使う道具の総称
15. 魚のよい部分を取り除いた残りの骨や頭のこと
16. 台風が日本に接近してくると、とても気になる
18. 自分の行為の報いを自分が受けるという意味の四字熟語

大きなマスには漢字が1文字ずつ入ります。タテのカギ・ヨコのカギの答がうまく入るように漢字を入れ、出てきた**三つの漢字で熟語**を作ってください。

解答は127ページ

Question 57

夜空を彩る人

タテのカギ

2. 暑い時期に多い事件。満員電車や夜道の暗がりに出没する女性の敵
3. 夏、ビールとの相性はバッチリ
4. ガラス製の容器
5. ⇔花嫁
8. つぶれた丸
9. 家の中からは外が見えて、外からは家の中が見える
11. ウナギ、イワシの○○○○
12. 月曜日と水曜日の間
14. お医者さん
17. 魚釣りをするときの道具。棒状のものや球状のものがあります
18. ライラックの別名
19. 窮地に立った敵に救いの手を差し伸べること。「敵に○○を送る」
21. トラップ

ヨコのカギ

1. 夏の午後、雨はザーザー、カミナリはゴロゴロ
3. 釣竿を持ち、鯛をかかえた商売繁盛の神様
6. 幽霊やお化けが主人公の怖〜い話
7. 時期にあった花が植えられます
10. お盆に入る夕方に行われる行事
13. あの世のこと
15. 裏の畑からザクザク出てきたのは大判と？
16. 先生
18. 相撲取り
20. 海やプールで沈まないようにするためのドーナツ状の道具
22. 夏の夜、墓場をフワフワ漂う不気味な火。人魂とも
23. 海面が風もなく、おだやかな状態のこと

大きなマスには漢字が1文字ずつ入ります。タテのカギ・ヨコのカギの答がうまく入るように漢字を入れ、出てきた**三つの漢字で熟語**を作ってください。

解答は127ページ

解答

Question 1 好敵手

ジ	ャ	パ	ン	■	エ	■	チ
ヨ	■	**好**	■	テ	ン	ウ	ン
シ	■	■	ヒ	ン	■	ン	■
ツ	チ	■	**敵**	■	ホ	テ	イ
キ	ョ	ウ	■	ラ	ン	チ	■
■	■	ウ	ラ	メ	■	**手**	ヤ
ハ	■	ナ	■	オ	■	■	モ
ハ	ル	イ	チ	バ	ン	■	ン

Question 2 入学式

サ	ン	サ	イ	■	サ	カ	リ
ク	■	**入**	■	シ	ハ	ツ	ン
ラ	■	ョ	ク	■	キ	ジ	■
■	リ	■	■	**学**	■	シ	ュ	ン
シ	ョ	ウ	■	■	コ	ウ	■
ツ	ク	シ	■	ワ	■	**式**	マ
ソ	■	■	オ	ナ	ゴ	■	ウ
ウ	ソ	■	シ	ン	グ	ル	ス

Question 3 本命馬

サ	シ	ア	シ	■	マ	ブ	タ
ツ	■	**本**	■	ツ	ウ	■	ド	ル
キ	■	■	ケ	ン	ポ	ウ	■
バ	ー	ル	■	■	■	シ	ュ
レ	■	イ	■	**命**	■	チ	ュ	ウ
■	■	メ	ダ	カ	■	■	シ
ツ	■	■	■	**馬**	■	■	ョ
ナ	ル	ト	■	ス	ゴ	ロ	ク

Question 4 天気雨

サ	オ	ト	メ	■	ド	ー	ム
ミ	■	**天**	■	イ	ホ	ウ	■	シ
ダ	■	■	ド	ン	■	■	サ	バ
レ	キ	シ	■	■	**気**	■	ラ	ク
■	ヨ	■	■	■	■	■	ヤ	ゴ
カ	ホ	ウ	■	コ	■	**雨**	■	ー
モ	ウ	ジ	ュ	ウ	■	■	ゴ
ク	■	ナ	■	ラ	グ	ビ	ー

Question 5 太平洋

ア	マ	ノ	ガ	ワ	■	ウ	ミ
ド	■	**太**	ツ	■	ワ	シ	ツ
バ	■	ッ	ツ	パ	ラ	■	ダ
イ	■	ヨ	■	**平**	■	セ	ン
ス	モ	ウ	■	セ	イ	■	ヒ
■	■	ウ	■	ビ	ワ	■	ガ
ツ	ユ	ア	ケ	■	**洋**	■	シ
ボ	ウ	■	イ	ナ	リ	ズ	シ

Question 6 夏野菜

ヤ	オ	チ	ョ	ウ	■	ア	ユ
マ	■	**夏**	ビ	■	ス	イ	カ
ビ	■	■	■	シ	リ	■	タ
コ	ヤ	シ	■	**野**	■	ア	ゼ
■	ス	ミ	■	■	シ	ン	カ	イ
セ	ミ	■	ア	オ	■	**菜**	イ
ン	■	キ	セ	キ	■	■	ダ
ス	ワ	ン	■	■	テ	ン	キ	ン

Question 7 走馬灯

カ	バ	ヤ	キ	■	ト	マ	ト
キ	■	**走**	■	シ	ャ	■	ツ	キ
ゴ	■	■	ジ	サ	■	■	ド
オ	イ	ル	■	**馬**	■	ム	テ	キ
リ	セ	イ	■	■	ケ	ン	■
■	エ	■	ミ	ト	■	■	キ
ユ	ビ	ワ	■	■	**灯**	■	リ
リ	■	セ	キ	ラ	ン	ウ	ン

Question 8 散歩道

オ	ト	ト	イ	■	ス	ウ	キ
ン	■	**散**	■	ク	マ	デ	■	ン
ナ	■	■	ラ	ン	■	ナ	シ
ゴ	ザ	■	■	**歩**	■	ア	イ
コ	イ	キ	■	■	サ	ン	マ
ロ	■	ツ	■	ケ	■	**道**	■	ゲ
■	ホ	ツ	カ	イ	■	■
ゲ	ン	キ	ン	■	ダ	リ	ツ

Question 9 七五三

ブ	ド	ウ	シ	ュ	■	ジ	ム
ン	■	**七**	ラ	■	キ	ャ	ク
カ	■	■	フ	ク	ジ	ン	■
ノ	■	リ	■	**五**	■	ケ	チ
ヒ	マ	ン	■	■	カ	ン	■
■	ン	■	ハ	ブ	■	**三**	イ	カ
ス	プ	ー	ン	■	■	■
キ	ク	■	モ	ミ	ジ	ガ	リ

Question 10 玉子酒

ト	シ	コ	シ	ソ	バ	■	ネ
リ	■	**玉**	■	ロ	■	タ	バ	コ
■	■	■	リ	ー	ス	■
ス	エ	ツ	■	**子**	■	タ	ビ
ス	■	キ	■	■	イ	ブ	■
ハ	ト	■	ウ	ド	■	**酒**	ジ
ラ	■	ハ	シ	ゴ	■	■	ョ
イ	バ	ラ	■	ウ	ヤ	ム	ヤ

question 11 寒気団

オ	ト	シ	ダ	マ		ト	ソ
オ	寒		ツ		ク	ロ	
ア		イ	ロ	リ		ト	
ナ	ミ	ダ		気	キ	セ	キ
	ノ	ン			ン		ワ
ゾ		ケ	イ	マ		ゴ	
ウ	ガ	イ		グ	団		ゼ
ニ	ラ		カ	レ	ー		ン

question 12 雪合戦

フ	ウ	フ		マ	メ	マ	キ
ク		雪		ダ	ル	マ	
ハ				ン		イ	チ	ヤ
ウ		オ		合		ヨ	
チ	エ	ロ			ト	ウ	ユ
	イ	シ		コ		戦	
フ		カ	ン		タ	
ロ	ウ	ガ	ン		ノ	ツ	ポ

question 13 春告鳥

テ	ン	プ	ラ		ペ		ア
レ		春	イ	シ	ア	タ	マ
ビ			ブ	ン		ン	
	ミ	ツ		告	ヤ	カ	イ
キ	ン			キ		ヤ	
ン		ク	シ		鳥		リ
イ	ツ	セ	キ	ニ			ン
ツ	イ	ン		ジ	グ	ザ	グ

question 14 好奇心

カ	ラ	ス	ミ		ツ	ウ	シ
オ		好	ミ	ヤ	キ		ッ
リ			ズ	ブ		チ	ジ
	テ		奇		ジ	ュ	ッ
ナ	ン	パ			コ	ウ	ゴ
ノ		パ		ス	心		ウ
ハ	ク		ド	ウ			ケ
ナ	ッ	ト	ウ		レ	モ	ン

question 15 新幹線

コ	ド	モ	ノ	ヒ		ツ	ウ
ウ		新		シ	ョ	ウ	ブ
ス			キ	ヨ		キ	
イ	ワ	シ		幹	キ	ン	コ
	ラ	ン			ジ		イ
タ		キ	ョ	ク		線	ノ
イ	セ	エ	ビ				ボ
ヤ		イ		シ	ロ	ア	リ

question 16 寿退社

ヤ	ミ	ツ	キ		ハ	タ	チ
キ		寿		ツ	ウ	ハ	ン
ニ			ネ	ジ		シ	ソ
ク	ロ			退		ジ	ョ	ウ
	ウ	マ			ン		ジ
ク	ジ		カ	イ		社	ユ
モ	ン	ブ	ラ	ン			ウ
リ		リ	ス		マ	ワ	シ

17 梅雨空

タ	ダ	バ	タ	ラ	キ	■	ラ
ナ	■	梅	ン	■	ロ	セ	ン
バ	■	ボ	シ	■	ツ	■	チ
タ	ウ	■	雨	ア	セ	■	■
■	ゼ	■	■	オ	ン	ナ	■
デ	ン	シ	ャ	■	空	■	リ
■	セ	キ	ド	ウ	■	■	キ
ギ	ン	■	リ	ツ	シ	デ	ン

18 猛暑日

ウ	シ	ノ	ヒ	■	ソ	ウ	コ
キ	■	猛	■	ヤ	エ	バ	ウ
ブ	■	■	ケ	ン	■	シ	コ
ク	ロ	ジ	■	暑	■	チ	ユ
ロ	■	ユ	■	■	ヨ	ク	ヤ
■	ド	ウ	■	エ	■	■	キ
ト	ロ	■	ク	イ	■	日	ユ
ビ	ー	ル	■	ガ	ツ	コ	ウ

19 小麦色

ス	ズ	ム	シ	■	ヒ	■	タ
イ	■	小	オ	ヒ	ト	ヨ	シ
カ	■	■	■	ヤ	ミ	■	ザ
ワ	ガ	シ	■	麦	■	チ	ン
リ	ツ	■	■	■	チ	ャ	■
■	■	コ	ウ	モ	リ	■	ケ
ボ	■	■	ヤ	■	色	■	ー
ス	■	ウ	シ	ミ	ツ	ド	キ

20 腹八分

チ	ユ	ウ	シ	ユ	ウ	■	シ
ジ	■	腹	ヤ	■	マ	ク	ラ
ヨ	■	■	ク	リ	■	シ	ガ
ウ	ペ	■	■	八	■	オ	ヤ
■	タ	コ	■	■	ヤ	ミ	ヨ
イ	ン	■	ハ	ン	■	分	ウ
■	■	パ	ン	ダ	■	■	カ
マ	ツ	■	シ	ユ	ウ	ブ	ン

21 絵葉書

リ	ー	チ	■	オ	ン	セ	ン
ツ	■	絵	■	カ	キ	■	ン
ト	■	■	レ	■	モ	ロ	ハ
ウ	ソ	■	葉	ミ	■	■	ギ
■	■	ラ	ク	■	ジ	ユ	■
ア	ゴ	■	フ	ウ	■	書	ヒ
ヒ	ト	ウ	■	モ	■	■	ガ
ル	■	シ	ユ	ウ	カ	ン	シ

22 冬支度

ボ	ウ	ネ	ン	カ	イ	■	ク
タ	■	冬	■	デ	マ	カ	セ
ン	■	■	ミ	ン	■	シ	■
ナ	ジ	ミ	■	支	■	シ	ユ	ツ
ベ	■	カ	■	■	ツ	■	キ
■	キ	ン	■	エ	■	度	ミ
レ	ジ	■	セ	ン	■	■	ソ
ア	ツ	カ	ン	■	ケ	イ	バ

Question 23 新生活

ス	ト	ッ	ク		ホ	テ	イ
テ		新		ラ	セ	ン	
ー			ブ	ン		サ	カ
キ	ナ	コ		生	サ	バ	ク
	タ	ン		ビ		セ	
ハ	ネ		フ		活	ン	キ
ナ		キ	ン	ク			
ミ	ツ		エ	キ	ベ	ン	

Question 24 観光地

タ	タ	ミ		キ	マ	グ	レ
ケ		観	キ	ャ	ク		モ
ノ			バ	ツ		キ	ン
コ	ウ	ラ			ア	リ	
		デ	ン	光		セ	ツ	カ
ホ		シ	ガ	イ		地	ラ
タ	イ	ヤ		チ			オ
ル	ス		ニ	ゴ	リ	ザ	ケ

Question 25 水平線

ア	シ	タ		コ	ク	ル	イ
マ		水	タ	マ	リ		シ
ノ			イ		ゲ	シ	
ガ		エ		平		ガ	リ
ワ	カ	イ		セ	イ		
	ビ		ヨ	カ			ビ
カ	ン	コ	ウ	チ	線		ー
グ		メ		ク	ロ	ー	ル

Question 26 十五夜

ウ	ン	ド	ウ	カ	イ		エ
オ		十		ナ		ネ	オ
ッ			ジ	ロ		ン	
カ	ニ			五		サ	セ	ツ
	シ	チ			サ	ン	
ス		イ	カ	リ		夜	サ
ス	シ		シ	ン			ン
キ	ン	エ	ン		マ	グ	マ

Question 27 忘年会

ス	ス	ハ	ラ	イ		オ	ス
イ		忘		ス	キ	ヤ	キ
ド		レ		ヨ		ー	
ウ	キ		年	ウ	エ		
	ヤ	ク		リ	ン	ゴ	
ト	ク	リ		ケ		ウ	
ウ		ツ	リ	会		ツ	
ジ	マ	ク		キ	ッ	チ	ン

Question 28 初仕事

オ	セ	チ		ユ	タ	ン	ポ
ト		初	モ	ウ	デ		ス
シ			チ	リ		ヒ	ト
ダ		ユ			コ	ミ	
マ	ジ	メ		仕		ウ	ツ	ワ
ン			カ	ン			
オ	ソ	ナ	エ			事	ソ
バ	ク		シ	メ	カ	ザ	リ

Question 29 一人前

シ	ロ	ザ	ケ		ア	ウ	ト
マ		一		サ	ク	ジ	ツ
ウ			モ			ロ	ハ
マ	ウ	ス		イ		ル	ル
	オ	ン		タ	ラ	イ	
ヤ		ボ	チ		前		チ
ヨ	ボ	ウ		ゴ			バ
イ		シ	ョ	ウ	カ	セ	ン

※中央に「一」「人」「前」

Question 30 桜前線

シ	ョ	ウ	カ		ヒ	バ	リ
ン		桜		フ	ブ	キ	コ
ガ			ン		シ	シ	ン
オ	ト	コ			前		オ
	ケ					ミ	ギ
ハ	イ	ク		サ		線	ン
ナ		チ	ヘ	イ			コ
ミ	ソ		ソ		チ	ョ	ウ

Question 31 動物園

ミ	ジ	ュ	ク	モ	ノ		コ
ド		動		ウ	リ	コ	ト	バ
リ		キ			ギ		ン
	シ			物		リ	コ	
シ	ャ	モ				ウ	シ
ヨ		ギ		ヨ			ツ
ウ	ブ		ラ	ク		園	パ
ワ	リ	カ	ン		ウ	ガ	イ

Question 32 結婚式

セ	ン	タ	ク	モ	ノ		ク
イ		結		ク		キ	モ
コ			ミ	ズ	タ	マ	リ
ウ	ツ	ロ		婚		ジ	
	バ	ン			ギ	メ	イ
カ	メ		ヨ	ウ		式	チ
カ		カ	ビ				ル
ト	ッ	サ		ア	ジ	サ	イ

Question 33 夏風邪

ア	イ	ス		オ	リ	ヒ	メ
サ		夏		ト	ク		マ
ガ			ビ		キ	ン	サ
オ	ヤ	ジ		風	ロ		ラ
	ス				ム	リ	
カ	ミ	ナ	リ		邪		イ
ツ		ミ	ン	カ			マ
パ	ン	ダ		ゲ	ン	キ	ン

Question 34 高気圧

カ	イ	ト	ウ		ウ		ク
ン		高		ソ	ク	ド	ウ	ロ
ト					ウ		ン	ウ
ク	ラ	ゲ			気		マ	ト
	タ	ン				シ	ツ
ア	イ		ケ	ッ		圧	ミ
ラ		ハ		ゴ			ラ
シ	ョ	チ	ュ	ウ	ミ	マ	イ

Question 35 直談判

Question 36 応援団

Question 37 神無月

Question 38 消防車

Question 39 給料日

Question 40 風邪薬

Question 41 鍋料理

ハ	ゴ	イ	タ		ヤ	ス	ネ
ツ		料		ダ	チ		イン
ヒ			ユ			理	
ノ		シュ	ウ				マ
デ	シ		メ	カ	タ		ワ
	オ	ス			鍋	ワ	リ
シ		ワ	レ			ル	
シ	ユ	ン	ジ		ム	ツ	キ

Question 42 朝寝坊

マ	メ	マ	キ		ソ		ミ
ユ		寝	ショ	ウ	ガ	ツ
			ヤ		シ	ン	カ
モ	グ	ラ		カ	ユ		坊
ウ		ク	イ	シン		
フ	ク		朝			カ	ズ
	ロ	ジ			カ	ン	
オ	ジン		ヒ	ン	パ	ン

Question 43 春一番

オ	シ	ド	リ		ホ	タ	ル
オ		ル	ス		番		ン
バ	ラ		ク			カ	モ
ン		シ		ケ	サ		モ
ブ		春	ブ	ン		オ	ノ
ル							セ
マ		キ	キ		一	パ	ツ
イ	ゴ		ス	ト	ラ	イ	ク

Question 44 社会人

ツ		オ	カ	カ		コ	ト
マ	ウ	ン	ド		キ	ウ	イ
ミ	チ		社		チョ	ウ
ユ					サ	ウ	ンド
ナ	ウ		エ	ン			ラ
ノ		人		ン		会	イ
ハ			ジョ	ウ			バ
ナ	ン	モ	ン			カ	レー

Question 45 道案内

コ	ド	モ	ノ	ヒ		サ	ギ
イ		道		ツ	ツ	ジ	
ノ			タ	コ		内	ド
ボ	ウ	ジ		ミ			ガ
リ		ヨ	ソ	ジ		コ	イ
		ト	ウ		案	コ	ウ	シ
エ	リ					タ	テ
ア	オ	バ		ダ	イ	キ	チ

Question 46 定休日

バ	ー	ス	デ	ー		ミ	エ
イ		定		メ		ウ	チ	キ
ウ			キ	ケ	ン		ベ
	セ		ン		休	チ	ン
ア	キャ					カ	
ジ				ホ	ン	シュ
サ	ル		日		ケ		ツ	ブ
イ		キャ	ン	プ		ネ	

Question 47 温度計

タ	イ	ヤ	キ		コ	ン	ペ
ナ	ワ		シ	ツ			ツ
バ		計		イ	度		ト
タ			サ	ン	キ		ボ
	カ	キ	ネ		ヨ	ッ	ト
ク	ク		温	コ	ウ	ル	
ラ			ダ		キ		
ス	シ		ナ	マ	ビ	ー	ル

Question 48 中古車

リ	ヨ	ウ	シ	ユ	ウ	シ	ヨ
サ	メ		ヨ				テ
イ		中	ウ	バ	車		イ
ク			ガ	ッ	コ	ウ	
ル		ネ		ト		ツ	キ
	オ				チ	シ	ン
ハ	デ		古		ホ		エ
ブ	ン	カ		ト	ウ	バ	ン

Question 49 赤外線

ボ	ウ	ネ	ン	カ	イ		キ
ー		ギ		赤	ロ	カ	タ
イ	シ			ハ	ン		
	ヤ	ケ	イ	シ		ナ	ッ
ス		ケ	ン		外	ユ	
ト		線		ゴ		ハ	
ー			コ	ウ		シ	ラ
ブ	ラ	ウ	ン		シ	ャ	イ

Question 50 松竹梅

カ	キ		ハ	ツ	モ	ウ	デ
ガ		カ	ジ		竹		ワ
ミ	カ	ン					コ
モ		梅		ニ	ウ	グ	イ	ス
チ				マ		チ	ャ
		ボ	ウ	シ		松	
ハ	シ		カ	ド			ユ
ト		ア	ク	ア	リ	ウ	ム

Question 51 武勇伝

バ	レ	ン	タ	イ	ン	デ	ー
	ギ		ネ	コ		伝	
シ	ユ	ミ		イ			シ
		ラ	ン		勇	タ	ゴ	ン
シ	ー	ト				カ	ン
ヨ		武		カ	キ		バ	ス
ウ			シ		エ	ン	キ
ユ	キ	ガ	ッ	セ	ン		ー

Question 52 真夜中

チ	ヨ	キ	ン	バ	コ		ア
ユ		ジ		真		ウ	チ	ワ
ウ	マ				ジ	ユ	
ヤ		ビ	ヤ	ク		夜		チ
ケ	ム	リ		ウ		シ		ヨ
ン		中		カ		シ		ウ
コ			カ	リ	ヨ	ウ	リ
	ウ	イ	ン	ク		ク	ン	シ

53 生命力

シ	ウ	レ	シ	ナ	ミ	ダ
テ	ホ	ン		ガ		ト
イ		命	イ	タ	メ	シ
セ	イ		セ	ン		ー
キ	ン	ク		ン	生	ラ
	力	シ		ヤ		カ
ヌ		ヤ	ク	ビ		ン
カ	シ	ワ	モ チ		エ	ス

54 日光浴

ヒ	バ	リ		ヨ	ウ	ガ	サ
	カ	ン	光		グ		ン
イ		プ		イ	グ	サ	
チ	エ	ン		イ	ス		ロ
ネ	ン		コ	ン	浴		
ン		日	キ			ヨ	
セ			ユ	ウ	シ	ョ	ウ
イ	ン	ボ	ウ		ツ	ク	シ

55 草野球

ヒ	ミ	ツ		シ	ョ	ウ	ガ
	チ	マ	キ	野		ワ	
オ		草	ユ			サ	イ
ヤ			ウ	ナ	ジ		ツ
コ	ー	ク	ス		ウ	チ	ワ
ウ		チ		球	マ	エ	
コ	エ					リ	ア
ウ	サ	ギ		ギ	ョ	ー	ザ

56 天気雨

フ	ロ	シ	キ		ニ	シ	ビ
ウ		天	ノ	ガ	ワ		ワ
フ			ウ	ン	カ	イ	
	ブ	タ		グ		雨	ア
フ	ロ	ン	ト				グ
ウ		気	チ		ア	ラ	
テ	ン			ヨ	ホ	ウ	
イ		ジ	ゴ	ウ	ジ	ト	ク

57 花火師

ユ	ウ	ダ	チ		エ	ビ	ス
花		カ	イ	ダ	ン		
	ダ	ン		マ			マ
ム	カ	エ		火	メ	イ	ド
コ	バ	ン				師	
	ヤ		キ	ョ	ウ		
リ	キ	シ		ウ	キ	ワ	
ラ		オ	ニ	ビ		ナ	ギ

PUZZLE POCHETTE

著者紹介
川内英輔
（かわち・えいすけ）

パズル作家。1957年、愛知県名古屋市生まれ。学生時代、某情報誌のパズルページのバイトがきっかけでパズルを作りはじめる。独り黙々と行う仕事が向いていたのか、いつのまにか本業になり、雑誌、広告、専門誌のパズル、クイズの世界を彷徨い続け今日に至る。著書に『漢字しりとりパズル』、『漢字しりとりパズル ラビリンス』（太陽との共著）がある。

漢字交じりクロス デラックス
（かんじま）

2015年3月10日　第1刷発行

著者
川内英輔
発行者
中村 誠
印刷所
誠宏印刷株式会社
製本所
株式会社越後堂製本
発行所
株式 日本文芸社

〒101-8407　東京都千代田区神田神保町1-7
電話 03-3294-8931（営業）　03-3294-8920（編集）
URL http://www.nihonbungeisha.co.jp/

＊

©2015　Eisuke Kawachi　Printed in Japan
ISBN978-4-537-21253-2
112150220-112150220Ⓝ01
編集担当・村松

※乱丁・落丁などの不良品がありましたら、小社製作部宛にお送りください。
送料小社負担にておとりかえいたします。
法律で認められた場合を除いて、本書からの複写・転載（電子化を含む）は禁じられています。
また、代行業者等の第三者による電子データ化及び電子書籍化は、いかなる場合も認められていません。